NATIONAL
GEOGRAPHIC

School Publishing

D0584227

Propiedades ganadoras

EDICIÓN PATHFINDER

Por Susan Halko

CONTENIDO

Propiedades ganadoras

Materia misteriosa

Aquí hay una adivinanza: Para jugar a este juego, necesitarás este objeto para anotar puntos:

- Es de color marrón claro.
- Es más grueso en uno de los extremos que en el otro.
- Tiene una textura lisa.
- Tiene una masa de 56,7 gramos (32 onzas).
- Es duro, no blando.
- Cuando golpea una bola, ¡puedes oír un CRAC!
  ¿Qué es?

Puedes usar la ciencia para ayudarte a contestar la adivinanza.

La **materia** es cualquier cosa que ocupa espacio. Este libro es materia. Tu silla es materia. ¡Tú eres materia!

Las pistas de la adivinanza indican algunas **propiedades** de la materia: color, forma, textura, masa y dureza. ¿Adivinaste la materia misteriosa?

Si adivinaste que era un bate de béisbol, ¡estás en lo cierto!

La madera como la que se muestra aquí se usa para hacer bates de béisbol. La más mínima diferencia en las propiedades de un bate puede afectar muchísimo la manera en la que el jugador de béisbol profesional golpea la pelota.

Echemos una mirada a cómo se hacen los bates de béisbol. De principio a fin, los fabricantes de bates deben examinar y medir las propiedades de la materia.

Inspección de la madera

La mayoría de bates que compras en una tienda están hechos de un metal. Pero los jugadores de béisbol profesionales tienen que usar bates hechos de pura madera. La mayoría de jugadores elige fresno o arce. Estos tipos de madera son duros, fuertes y no demasiado pesados.

En primer lugar, un inspector mira de cerca la veta de la madera para asegurarse que esté derecha y uniformemente espaciada. Las vetas torcidas pueden dar como resultado un bate más débil.

También observa la separación entre las vetas para verificar cuán densa es, o cuán compacta está su materia. Mientras más cerca estén las vetas, más densa será la madera. Los jugadores de béisbol prefieren que las vetas sean densas para tener un bate más fuerte. El bate no debe romperse cuando golpea una pelota.

Luego, la madera se corta en trozos. Estos trozos se colocan en una máquina llamada torno. El torno gira la madera, y un trabajador usa una herramienta filosa para alisar los bordes ásperos. El resultado es una pieza de madera redondeada, llamada una **palanquilla**.

Las palanquillas se secan. Esto ayuda a fortalecer la madera. Luego se clasifican según su masa.

Torneando las palanquillas

El siguiente paso es pasar la palanquilla por otro torno. Este torno tiene una computadora. A medida que el torno hace girar la madera, le va dando la forma de un bate. La computadora hace funcionar la máquina.

Midiendo la masa. Estas palanquillas están listas para que se les mida su masa.

Tomando forma. Este torno está haciendo girar la palanquilla. Las partes del bate están empezando a tomar forma.

perilla

mango

El trabajador lija el bate nuevamente para obtener una textura suave y la masa correcta. Estos bates se inspeccionan y clasifican.

Propiedades personalizadas

La Asociación de Béisbol de las Grandes Ligas tiene normas con respecto al tamaño del bate. La parte más gruesa, es decir el barril, no puede tener más de 6,9 centímetros (2,75 pulgadas) de grosor. Ningún bate puede ser más largo que 106 centímetros (42 pulgadas).

Incluso con estas normas, los jugadores de béisbol pueden cambiar las propiedades de sus bates.

Pueden pedir una cierta masa, longitud y modelo. El modelo nos dice la forma exacta que tomará el bate. Un bate puede tener muchos cambios leves en su forma, en comparación con otro bate.

Por ejemplo, un bate puede tener un mango más grueso que otro. Las perillas también pueden variar. Algunos son más angostos que otros.

El toque final

Finalmente, se rotula o quema el nombre del fabricante en el bate. Se coloca un barniz en el bate. ¡Ya está listo para las grandes ligas!

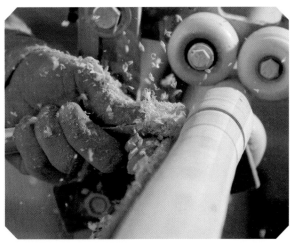

Lijando el bate. Un trabajador lija este bate. Esto recorta madera para que tenga la masa correcta.

Acabado brillante. El barniz ayuda a darle al bate su color y protege la madera.

barril

punta

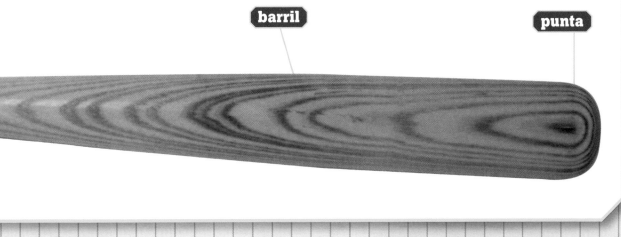

Las propiedades son importantes

Los jugadores de béisbol profesional pueden ser muy quisquillosos con las propiedades específicas de sus bates. Algunos jugadores visitan almacenes de madera para encontrar la pieza de madera perfecta. Algunos jugadores incluso observan al operador del torno mientras fabrica el bate para asegurarse de que esté perfecto.

¿Por qué importan tanto las propiedades de un bate de béisbol? Veamos por qué son importantes la masa y el tipo de madera.

El bate ideal

¿Por qué algunos jugadores eligen un bate con más masa y otros eligen un bate con menos masa? En general, mientras menos masa haya en el bate, más rápido podrá batear un jugador. Por otro lado, un bate con más masa puede golpear una bola con más fuerza.

Así que el bate ideal tiene masa suficiente para darle a la pelota un golpe sólido pero al mismo tiempo batear rápido. La masa perfecta de un bate depende del tamaño individual de un jugador, así como de su fuerza y cuán rápido puede batear.

En la actualidad, los jugadores generalmente usan bates con menos masa que en el pasado. Babe Ruth usó un bate de 1134 gramos (40 onzas) en 1927 cuando bateó 60 jonrones. La mayoría de los jugadores hoy en día batean con un bate de 850–936 gramos (30–33 onzas).

Elecciones de los profesionales

Louisville Slugger® es el bate oficial de béisbol de la Asociación de Béisbol de las Grandes Ligas. La compañía ha estado produciendo bates por más de 100 años.

La compañía lleva un registro de los modelos pedidos por jugadores de béisbol profesionales. Algunos jugadores profesionales han dejado que la compañía ponga sus nombres en bates que coinciden con sus especificaciones.

Louisville Slugger ofrece estos modelos a jugadores que quieren un bate idéntico al bate de su jugador de béisbol profesional favorito. ¡Fíjate en estos profesionales y sus bates favoritos!

Derek Jeter [Yankees de Nueva York]
Bate preferido: Black Smith Finish Louisville Slugger modelo P72
Longitud: 86 centímetros (34 pulgadas)
Masa: 907 gramos (32 onzas)
Madera: fresno

Jim Thome [Minnesota Twins, antes conocidos como los Dodgers de los Ángeles]
Bate preferido: Black Smith Finish Louisville Slugger modelo M356
Longitud: 87 centímetros (34,5 pulgadas)
Masa: 907 gramos (32 onzas)
Madera: arce

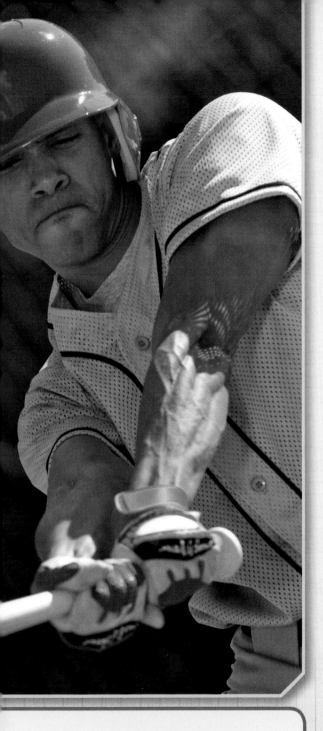

¿Fresno o arce?

Algunos jugadores prefieren bates hechos de fresno. Otros eligen el arce. ¿Qué diferencia hay?

El arce tiene más masa que el fresno. Su superficie también es más dura. A muchos jugadores les gusta la superficie más dura de un bate de arce.

El fresno tiene menos masa que el arce. También es más flexible. A muchos jugadores les gusta un bate de fresno porque pueden tener un barril más grande. Algunos piensan que con un barril más grande es más fácil golpear la pelota.

Las vetas del fresno y del arce son diferentes. Las vetas del arce son engañosas. Un inspector puede creer que tiene una buena pieza de madera con vetas rectas, pero luego encuentra puntos débiles que no podía ver.

Veta de fresno   Veta de arce

La estructura de las vetas en los bates de arce presenta un problema. Cuando se rompen los bates de arce, no solo se quiebran y rompen. Sino que también envían piezas de madera volando por el aire. La gente se ha herido cuando los bates se rompen.

Evan Longoria [Tampa Bay Rays]
Bate preferido: Heavy Flame Treated Louisville Slugger modelo I13
Longitud: 85 centímetros (33,5 pulgadas)
Masa: 893 gramos (31,5 onzas)
Madera: fresno

Desafío de investigación

¿Quién es tu jugador profesional preferido? ¡Ve si puedes averiguar las propiedades de su bate favorito!

Vocabulario

materia: cualquier cosa que tiene masa y ocupa espacio

palanquilla: pedazo de madera usado para hacer un bate

propiedades: cosas sobre un objeto que puedes observar con tus sentidos

Propiedades extremas

Un gran golpe. El Museo Louisville Slugger está en Louisville, Kentucky. Está conectado a la fábrica donde se producen los bates Louisville Slugger.

H&B Louisville Slugger Store

A ver si puedes resolver esta adivinanza: ¿Qué mide 36 metros (120 pies) de alto, tiene una masa de 30.844 kilogramos (67.999 libras) y se ve como si pudiera golpear una pelota gigante?

¡Es el bate de béisbol más grande del mundo! Sin embargo, no está hecho de madera. Está hecho de acero.

Para otros "extremos", revisemos el Libro Guinness de los Récords Mundiales. Este libro ha documentado algunas hazañas impresionantes en categorías como el más grande, el más pequeño, el más largo, el más corto, y otras más. Las categorías como estas se basan en las propiedades de la materia. Todos los artículos deben poder medirse para poder ser aceptados.

Aprendamos sobre algunos extremos en las propiedades de tamaño, volumen y masa.

El hombre de nieve más alto

El hombre de nieve más alto del mundo medía 37 metros (122 pies) de alto. ¡Eso es más alto que algunos edificios de oficinas! En febrero de 2008, la gente de los alrededores de Bethel, Maine, trabajó junta para construir este gigante de nieve.

Su cuerpo estaba hecho de 5897 toneladas métricas (6500 toneladas) de nieve. Se usaron 16 esquíes para crear sus pestañas. Su boca se hizo con neumáticos pintados.

Mucho café

La cafetera más grande del mundo fue hecha en Bosnia y medía 1,2 metros (4 pies, 1 pulgada) de alto. ¡Esa es la altura promedio de un alumno de cuarto grado! Su volumen era de 800 litros (211 galones). Eso es como 8000 tazas de café.

Los objetos de la vida diaria que están en la categoría de "el más grande" deben estar hechos de los mismos materiales que el objeto de tamaño normal. También, la versión más grande debe funcionar de la misma manera que el objeto de tamaño normal. ¡Imagínate cuánta cantidad de café sale de esta cafetera!

Perro grande,
perro pequeño

El mastín y el San Bernardo son las razas de perro doméstico más pesadas que hay. ¡Los machos de ambas razas pueden tener masas de más de 91 kilogramos (200 libras)! Eso es unos 88 kilogramos (195 libras) más que el chihuahua promedio. El Chihuahua es la raza más pequeña del mundo.

mastín

san bernardo

chihuahua

Las propiedades son importantes

¿Por qué las personas miden las propiedades de la materia? Algunas personas miden las propiedades de la materia para obtener un nuevo récord mundial. Pero la mayoría de las personas mide las propiedades de la materia para aprender más acerca de la materia. También les ayuda para compararla con otra materia: ¡porque la materia está en todas partes!

Descripción y medición de la materia

Vamos a ver qué has aprendido sobre la descripción y medición de las propiedades de la materia.

1 ¿Qué es la materia?

2 ¿Por qué pueden las vetas de la madera ayudarte a saber si la madera es densa?

3 ¿Cómo afecta el lijado de un bate a su masa?

4 ¿Qué propiedades son importantes en un bate?

5 ¿Qué tipo de materia mides en tu vida diaria?